藏在万物里的汉字

璞玉 / 著

雀角 / 绘

汉字

数字篇

时代出版传媒股份有限公司
安徽少年儿童出版社

图书在版编目（CIP）数据

藏在万物里的汉字. 数字篇 / 璞玉著；雀角绘. —
合肥：安徽少年儿童出版社，2022.3
ISBN 978-7-5707-1193-2

Ⅰ.①藏… Ⅱ.①璞…②雀… Ⅲ.①汉字—儿童读
物 Ⅳ.①H12-49

中国版本图书馆CIP数据核字（2021）第205708号

CANG ZAI WANWU LI DE HANZI SHUZI PIAN
藏在万物里的汉字·数字篇

璞玉/著
雀角/绘

出版人：张　堃	选题策划：李　琳	责任编辑：李　琳
责任校对：王　姝	责任印制：郭　玲	特约编辑：宣慧敏
封面设计：薛　芳	内文设计：叶金龙	

出版发行　时代出版传媒股份有限公司　http://www.press-mart.com
　　　　　安徽少年儿童出版社　E-mail：ahse1984@163.com
　　　　　新浪官方微博：http://weibo.com/ahsecbs
　　　　（安徽省合肥市翡翠路1118号出版传媒广场　邮政编码：230071）
　　　　　出版部电话：（0551）63533536（办公室）　63533533（传真）
　　　　（如发现印装质量问题，影响阅读，请与本社出版部联系调换）

印　　制　安徽新华印刷股份有限公司
开　　本　787 mm×1092 mm　　　　　　　1/16　　　　　　　印张：3.25
版　　次　2022年3月第1版　　　　　　　　　　　　　　　　2022年3月第1次印刷

ISBN 978-7-5707-1193-2　　　　　　　　　　　　　　定价：25.00元

关于本系列图书

* 六大栏目齐上阵，面面俱到识汉字

我们从"生动的字形演变""专业的字义解释""优美的汉字图画""灵活的汉字运用""有趣的地理知识""精彩的汉字故事"这六个方面，帮助孩子全方位地认识汉字。

* 贴近生活选汉字，语文学习接地气

选择跟孩子的生活息息相关的汉字，并与部编版小学语文1—3年级教材的识字要求同步。

* 分类编排更科学，一笔一画记得牢

套书根据生活、身体、动物、植物、自然、江河、数字、颜色和方位分类、分册，字形、字义相近的放在一起，提高识字效率。

璞玉

汉语言文学教育学士、文学硕士、心理学博士。

做过记者、编辑，曾获"五四新闻奖"一等奖。

热爱汉字和启蒙教育，公众号"每天一个字"主笔。

喜马拉雅APP中《璞玉说字：亲子识字私房课》主播。

目录

CONTENTS

一 —————— 02

二 —————— 04

三 —————— 06

四 —————— 08

五 —————— 10

六 —————— 12

七 —————— 14

八 —————— 16

九 —————— 18

十 —————— 20

百 —————— 22

千 —————— 24

万 —————— 26

大 —————— 28

小 —————— 30

多 —————— 32

少 —————— 34

长 —————— 36

尺 —————— 38

丈 —————— 40

双 —————— 42

高 —————— 44

游中国，学汉字 / 46

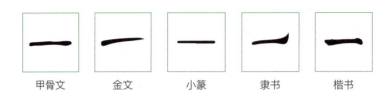

| 甲骨文 | 金文 | 小篆 | 隶书 | 楷书 |

直直的一横，就是
数字一。

"一"字为什么这样写？

从甲骨文开始，古人就用一横来表示"一"，至今几乎没有任何变化。"一"虽然笔画简单，但意义很丰富，不仅表示数量，还有全部、相同等意思，如"一样""统一"。

组 词 造 句

▶ 数目：一个、一件

例句：我有一个美好的愿望：让沙漠变成绿色的海洋。

▶ 专一：一心一意

例句：我买了一条可爱的小金鱼，每天都一心一意地照料它。

地理小知识

"天下第一关"

"天下第一关"，指位于河北省东北部的山海关。山海关在 1990 年以前被认为是万里长城的第一个关口，北倚燕山，南连渤海，故得名"山海关"。这里地势险要，自古就是兵家必争之地，因此被称为"天下第一关"。

一鸣惊人

战国时期，齐国的国君齐威王刚刚即位的时候，沉迷于享乐，不好好治理国家。其他国家常常派兵前来侵犯，国家陷入危难之中，大臣们很担心，但也不敢劝谏他。

大夫淳于髡（kūn）是个很聪明的人。有一天，他故意对齐威王说："齐国有一只大鸟，它停留在大王的宫中已经有三年了，但一直不飞不叫。大王知道这只鸟为什么这样吗？"

齐威王一听，立刻明白了淳于髡的用意，于是他说："这只鸟不是普通的鸟，它平时不飞，但一旦展翅就会直冲云霄；它平时不叫，但只要开口，声音就会大得惊人。"

从此，齐威王发愤图强，一鸣惊人，对内认真治理国家，让百姓安居乐业；对外训练军队，发兵御敌。其他国家纷纷把侵占的土地归还给齐国。

成语"一鸣惊人"比喻平时默默无闻的人，突然取得优异成绩，从而引起人们的惊异。

甲骨文	金文	小篆	隶书	楷书

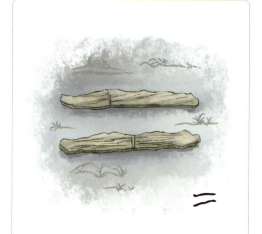

画一横，再画一横，就是数字二。

"二"字为什么这样写？

画一条横线，代表"一"个，假如想要表示"两"个，怎么办呢？那就再画一个"一"。所以，古人用两个"一"，表示数字"二"（二）。

组 词 造 句

▶ 数目：二八、二百

例句：小女子年方二八。

▶ 两样：二心、二意

例句：不怕虎生两翼，就怕人起二心。

地理小知识

二郎山

二郎山位于四川省雅安市天全县境内，海拔 3437 米，是青衣江、大渡河的自然分水岭。二郎山陡峭险峻，是千里川藏公路上的第一道咽喉险关。当年筑路部队在修建二郎山路段时，平均每公里就有 7 位军人为它献出了生命，因此有"千里川藏线，天堑二郎山"之说。

只知其一，不知其二

　　古时候，沧州有一座靠近河岸的寺庙。十多年前，寺庙大门被洪水冲毁，门口的两个石兽沉入河底。十多年后，和尚们打算重修寺庙，可是他们沿着河流往下游走了十多里，也没找到石兽。

　　寺庙里的讲学先生听说了这件事，笑着说："石头又硬又重，怎么可能被河水带走呢？一定是沉到河底了，应该在原地寻找才对。"大家听了，觉得很有道理。

　　一个老船夫听了这话，笑着说："凡是落入河中的石头，应当从上游寻找。因为石头又硬又重，但是河沙又松又轻，水冲不走石头，却会不停地冲击石头前面的泥沙，在石头上游形成一个大坑，直至石头滚落到坑里。这样日复一日，石头反而逆流而上了。"

　　和尚们听了老船夫的话，果然在上游找到了石兽。

　　有时候人们对很多事情都是"只知其一，不知其二"。这个成语形容人对事物的了解不全面。

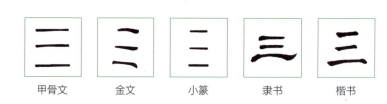

| 甲骨文 | 金文 | 小篆 | 隶书 | 楷书 |

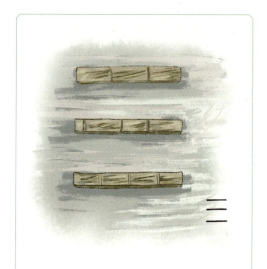

两横加一横，就是
数字三。

"三"字为什么这样写？

　　两横"二"，再加一横"一"，组合在一起就是数字"三"（三）。不过"三"字除了表示具体的数量外，也有多次、多个的意思，比如"三思而行"。

组 词 造 句

▶ 数目：三寸

　　例句：张仪凭借三寸之舌纵横天下。

▶ 多数、多次：再三、三思

　　例句：经过再三思考，他才回答了老师的
　　问题。

地理小知识

长江三峡

　　长江三峡，是瞿塘峡、巫峡、西陵峡三段峡谷的总称。它西起重庆市奉节县的白帝城，东至湖北省宜昌市的南津关，全长193千米。李白的《早发白帝城》写的就是长江三峡的独特景色："朝辞白帝彩云间，千里江陵一日还。两岸猿声啼不住，轻舟已过万重山。"

孟母三迁

孟子是战国时期著名的思想家。他很小的时候，父亲就去世了，他由母亲抚养长大。孟子的母亲非常重视对孟子的教育。

一开始，孟子居住的地方离墓地很近，没过多久，他就学会了玩假办丧事的游戏。孟母见了，心中暗想：这个地方不适合孩子居住。

于是，孟母将家搬到集市旁，可又发现孟子很快学起了商人做生意的样子。孟母心想：这个地方还是不适合孩子居住。

于是，她再次搬家。这次孟母将家搬到了学校旁边。过了一段时间，她发现孟子慢慢喜欢念书了。孟母终于松了一口气，说："这才是适合孩子居住的地方啊！"于是，他们就在这里定居了。

"孟母三迁"的故事说明：环境对一个人的成长非常重要，人应该接近好的人、事、物，才能学到良好的习惯和品德。

四

 甲骨文　 金文　 小篆　隶书　楷书

两个"二"放在一起，
就是四。

 "四"字为什么这样写？

甲骨文"三"（四），画的是两个"二"。后来，古人将四条横线"三"，都竖写成"‖‖"，上下加上"二"变成了"四"，表示"四"与"二"之间的倍数关系。

组 词 造 句

▶ 数目：四季、四周
例句：房子四周围着篱笆。

 地理小知识

四川省

四川位于我国西南地区，简称"川"或"蜀"，省会成都。四川曾诞生过以三星堆遗址为代表的古蜀文明，与华夏文明、良渚文明并称为"中国上古三大文明"。大家喜爱的国宝大熊猫的故乡也在四川。

朝三暮四

　　宋国有一个喜欢猴子的人养了很多猴子。相处久了，他渐渐能明白猴子叫声表达的意思，猴子也能听懂他的话。但养的猴子实在太多了，他渐渐负担不起养猴子的花销，于是打算减少猴子的食物。

　　有一天，他对猴子们说："从今天开始，早上我给你们每只猴子三颗橡子，晚上仍旧给四颗橡子。"

　　猴子们听了生气极了，纷纷嚷嚷起来。

　　养猴人灵机一动，改口说："这样吧，早上我给你们每只猴子四颗橡子，晚上三颗橡子。这下总可以了吧？"

　　猴子们听了开心极了，便不再吵闹。但其实，它们每天得到的还是七颗橡子。

　　"朝三暮四"这个成语原比喻使用诈术，进行欺骗。后来比喻常常变卦，反复无常。

五

| 甲骨文 | 金文 | 小篆 | 隶书 | 楷书 |

天地之间有万物，由**五**种元素——
金、木、水、火、土构成。

"五"字为什么这样写？

"天地"（二）之间，万物交汇（Ⅹ），古人把它们组合起来变成"Ⅹ"（五），用来表示天地间的万物。古人认为，宇宙万物由金、木、水、火、土五种元素构成。

组 词 造 句

▶ 数目：五谷、五官

例句：这孩子眉清目秀，五官端正。

地理小知识

五台山

五台山位于山西省境内，是文殊菩萨的道场，是"中国佛教四大名山"之一。因为这里的五座山峰高耸入云，而且峰顶没有树木，就像石头天然垒起的高台，得名"五台山"。五台山常年气候寒冷，是盛夏避暑的好去处，因而又被称作"清凉山"。

五体投地

　　唐朝诗人白居易仕途坎坷，一生中多次因他人诽谤而被贬官。有一次他去拜访道林禅师，到了禅师的住所后，他抬头一看，不禁大吃一惊，只见禅师坐在一棵枝叶茂盛的松树上修行。

　　白居易喊道："大师，太危险了，您快下来吧！"禅师回答："太守！危险的不是我，而是你啊！"

　　白居易不解地问："我身为太守，有什么危险呢？"禅师说："身处官场之中，明争暗斗不断，难道还不危险吗？"

　　白居易似乎有所领悟，于是又问禅师："什么是佛法大意？"禅师答道："不做坏事，尽全力去做好事。"

　　"这就是佛法大意？三岁小孩都知道。"

　　"虽然三岁小孩都知道这个道理，但是阅历丰富的八十岁老人也未必做得到。"

　　一句话令白居易茅塞顿开，如梦初醒。他对道林禅师佩服得五体投地，当即跪拜行礼。

　　"五体投地"本来指古印度佛教一种极其恭敬的行礼仪式。后来人们用这个成语比喻佩服到了极点。

11

六

甲骨文　　金文　　小篆　　隶书　　楷书

一间有墙、有屋顶的草庐，
就是六。

 "六"字为什么这样写？

　　"六"的甲骨文是一座简单的房子"介"，有墙壁（八），有尖尖的屋顶（人），这样的房子被称作"庐"。古时，"庐"与"六"读音相近，因此被借来表示数字"六"，后来另造了一个"庐"字来表示简易的茅舍。

组 词 造 句

▶ 数目：六朝、六部
　　例句：南京是六朝古都。
▶ 用于地名：六安
　　例句：六安是安徽的一个城市。

 地理小知识

六安市

　　六安市位于安徽省西部，处于长江与淮河之间，大别山北麓。因汉武帝在此地设置六安国，取"六地平安、永不反叛"之意，故得名"六安"。这里出产的六安瓜片，是中国十大名茶之一。

三头六臂

"三头六臂"是一个跟哪吒（né zhā）有关的故事。

传说，哪吒原本是陈塘关总兵李靖的孩子，因与东海龙王发生冲突，为了不让龙王迁怒于陈塘关的百姓而自杀身亡，但魂魄被救了回来。后来太乙真人用莲花与鲜藕为哪吒做了一副身躯，使哪吒获得了重生。从此以后，哪吒有了三头六臂，身体可隐可现，随心所变。

孙悟空大闹天宫时，就曾与哪吒有过一场大战。只见哪吒脚踏风火轮，大喊一声"变"，瞬间变成有三个脑袋和六只手臂的样子，同时使用六种神兵利器，很是威风，连孙悟空都难以抵挡。

后来，人们就用成语"三头六臂"来比喻神通广大，本领出众。

13

七

| 甲骨文 | 金文 | 小篆 | 隶书 | 楷书 |

一横被切断，就是七。

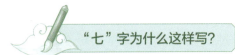

"七"字为什么这样写？

一条横线（—），被一竖（│）切开，就是"七"的甲骨文"十"，是不是很像今天的"十"字？所以，后来古人为了区分"七"和"十"，就把竖画弯了，成了"乛"，渐渐变成现在的"七"。

组 词 造 句

▶ 数目：七夕、七窍生烟

例句：传说，七夕是牛郎织女相聚的日子。

地理小知识

七星岗古海岸遗址

七星岗古海岸遗址位于广州市海珠区，距现在的南海海岸一百公里左右，是目前世界上发现的深入内陆里程最大的古海岸遗址。七星岗古海岸地貌颇为奇特，由海蚀崖、海蚀洞和海蚀平台三部分组成，这证明在五六千年前，广州是一片汪洋大海。

七步成诗

曹丕和曹植都是曹操的儿子，并且都十分有才华，但是兄弟两人的关系十分恶劣。

曹操去世后，曹丕继承了父亲的王位，以曹植在父亲丧礼期间礼仪不当为借口，拿他问罪。在朝堂上文武百官面前，曹丕故意为难曹植，要求他在七步之内作一首以兄弟为主题的诗，但不许出现"兄弟"二字，如果作不出，就问死罪。

曹植迈开脚步，开始吟诵："煮豆持作羹，漉菽（lù shū）以为汁；萁在釜下燃，豆在釜中泣；本自同根生，相煎何太急？"

这首诗的意思是说：锅里煮豆作羹，是要滤去豆渣，留下豆汁；豆萁在锅底下燃烧，豆子在锅里哭泣。二者出自同一株植物，豆萁为什么要这样急迫地煎熬豆子呢？

曹植吟完此诗，正好走了七步。曹丕听后，面有愧色。他放下杀念，但仍将曹植贬为安乡侯。后来，人们就用"七步成诗"比喻人有才气、文思敏捷。

八

甲骨文	金文	小篆	隶书	楷书

一块西瓜被分成两半，
就是八。

"八"字为什么这样写？

"八"的甲骨文")(("，很像一块西瓜被分成两半，所以"八"最开始是分开、分别的意思。后来，"八"被借用来表示数字，古人就另外造了"分"字表示分开、分别。

组 词 造 句

▶ 数目：八方，八成

例句：中华民族自古以来就是团结的民族，一方有难，八方支援。

地理小知识

青岛八大关

青岛八大关始建于 20 世纪 30 年代，面积 70 余公顷，因这里的八条主要街道以我国八大著名的关隘命名，故称"八大关"。八大关的建筑造型独特，汇聚了多国的建筑风格，人称"万国建筑博物馆"，而且还体现了青岛"红瓦绿树，碧海蓝天"的特点。

八仙过海，各显神通

　　在中国民间传说中，有八位道教神仙，他们分别是铁拐李、汉钟离、张果老、吕洞宾、何仙姑、蓝采和、韩湘子、曹国舅。一天，八仙从王母娘娘的蟠桃会回来，路过东海时，吕洞宾提议各自使出拿手的本领过海。

　　只见铁拐李把葫芦抛入东海，变大的葫芦载着铁拐李到达对岸。张果老掏出一张纸来，折了一头毛驴。纸毛驴四蹄落地后，仰天长啸，驮着张果老踏浪而去。接着，汉钟离把他手里的芭蕉扇丢到海上，芭蕉扇瞬间变大了许多，足够载着他过海了。大家纷纷将宝物扔进海里，各显神通。何仙姑乘着荷叶，吕洞宾踏着宝剑，韩湘子踩着洞箫，蓝采和站在花篮上，曹国舅踩在玉板上，纷纷渡过东海。

　　成语"八仙过海，各显神通"比喻各有各的本领，各显各的身手。

九

| 甲骨文 | 金文 | 小篆 | 隶书 | 楷书 |

"九"字为什么这样写?

甲骨文""（九），就像一个人的手肘，这就是"九"最初的意思。后来，"九"的本义渐渐不用，专指数字。

一个人臂膀弯曲的手肘，就是九。

组 词 造 句

▶ 数目：九月、九层

例句：九月，在秋高气爽的日子里，我们开学了。

▶ 多数：九霄、九泉

例句：他把我们的忠告抛到了九霄云外。

 地理小知识

九寨沟

九寨沟隐藏在川西北高原的崇山峻岭中，是一条纵深五十余千米的山沟谷地，因山沟内有九个藏族村寨而得名。九寨沟以奇特的高山湖泊群、瀑布、树林、雪峰、蓝冰而闻名，有着"童话世界""人间仙境"的美誉。

一言九鼎

战国时期，赵国的都城邯郸被秦军包围，赵国国君派平原君去楚国求援。

平原君带领毛遂等二十名门客去面见楚王，商谈结盟之事。但是平原君同楚王从早晨一直谈到中午也没有谈成。这时，门客们一致推荐毛遂前去协助。

毛遂按着腰上的宝剑，走上前去，对平原君说："谈结盟无非就是说明利与弊而已，为什么谈了这么久？"

楚王得知毛遂是平原君的门客后，厉声呵斥他。

毛遂紧握剑柄，走到楚王面前，说："大王敢呵斥我，不过是依仗楚国人多势众罢了。可是楚国如此强大，却在与秦国的交战中连续三次战败。依我看，楚国比赵国更需要结盟来对抗秦国。"

楚王听了这番话便改变了态度，最终与赵国结盟。平原君称赞道："毛先生的一席话，使赵国的地位比传国之宝九鼎还要尊贵！"

九鼎，相传是夏禹所铸，是象征国家政权的传国之宝。成语"一言九鼎"形容说的话分量很重，能起到极大的作用。

| 甲骨文 | 金文 | 小篆 | 隶书 | 楷书 |

一根用于记事的绳子，
就是十。

"十"字为什么这样写？

"十"的甲骨文"│"，像一根用于记事的绳子。在古代，人们用在绳子上打结的方式来记事、计数，一根绳子就代表一件事或全数。后来，"十"衍生出满、全、完备的意思，如"十全十美"。

组 词 造 句

▶ 数目：十万、十年

例句：孙悟空会腾云驾雾，一个跟头能翻十万八千里。

▶ 顶点：十足、十成

例句：同学们干劲十足，很快就完成了任务。

地理小知识

明十三陵

明十三陵坐落于北京市昌平区，是世界上保存最完整、埋葬皇帝最多的墓葬群。自明朝永乐七年（1409 年）开始建造，到最后一位皇帝葬入（1645 年）为止，230 多年间，明朝共有十三位皇帝安葬于此，所以被称为"明十三陵"。

十全十美

周朝的时候，医师是所有医官的管理人。平日，有病人来看病，医师就把病人分配给各医官进行治疗。年终的时候，再依照每位医官治病的成绩，来计算他们应得的俸禄。

"十全为上，十失一次之，十失二次之，十失三次之，十失四为下。"意思是：医官如果看了十个病人，并且将这十个人的病都治好了，就能获得第一等级的俸禄；十个人中有一个没被治好，就是第二等级；有两个人没治好，就是第三等级；有三个人没被治好，就是第四等级；如果有四个人没被治好，就是最差等级了。

"十全十美"这个成语就是从这里引申出来的，比喻十分完美，毫无瑕疵。

21

百

甲骨文

金文

小篆

隶书

楷书

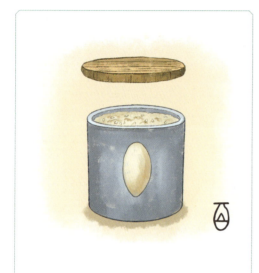

**数量说不完，道不尽，
就是百。**

"百"字为什么这样写？

甲骨文"△"（百）在"△"（白，指白色的米粒）上加了一个指事符号"一"，表示米粒数量多到数不完。现在，"百"表示十个"十"。

组 词 造 句

▶ 数目：百分、三百
　例句：俗话说得好，三百六十行，行行出状元。
▶ 很多：百货、百科
　例句：百科全书的内容包罗万象，是查询资料的好工具。

地理小知识

百色市

百色市位于广西壮族自治区西部，是中国西南地区通往太平洋海域的"黄金走廊"。有人说，"百色"是由壮语"博涩寨"演变而来的，意思是山川、塞口地形复杂的地方。

百发百中

春秋时期，楚国有一个叫养由基的人，是一位射箭能手。

有一次，养由基站在距离一棵柳树一百步远的地方拉弓射箭，每一箭都能命中一片柳叶；而且他射了很多次，每次都能射中。围观的人都称赞他射箭技艺高超。

可是，一个过路的人却说："虽然你的箭术很好，但是我还想教教你该怎样射箭。"

养由基听到这话，心里很不服气。他对这个人说："如果你的箭术更高，不如你来射柳叶试试？"

过路人说："我教不了你射箭的技巧，但我可以教给你一个道理：你每一箭都能射中柳叶是不假，但你如果不停地射箭，过一会儿就会疲倦。只要有一箭射不中，不就前功尽弃了吗？我要教你的正是'百发百中'的本事。"

成语"百发百中"形容射击准确，每次都命中目标。也比喻做事有充分的把握，绝不落空。

千

| 甲骨文 | 金文 | 小篆 | 隶书 | 楷书 |

一个人不停地行走，走了
数**千**里路。

"千"字为什么这样写？

在一个人（）的小腿上加一横（），表示不停地行走，一直走了数千里路，就是"千"。所以，后来古人用"千"表示很大的数字。

组 词 造 句

▶ 数目：一千、千克

例句：这座古塔建成一千多年了，还是那么坚固。

▶ 很多：千军万马、万紫千红

例句：花园里鲜花盛开，万紫千红，十分好看。

地理小知识

千岛湖

千岛湖位于浙江省杭州市淳安县境内，原本是为建造新安江水电站而建的人工湖，后来，因为湖中有一千多个大大小小的岛屿而得名"千岛湖"。千岛湖有丰富的鱼类资源，湖里还曾经发现过多处古文化遗址和古墓葬，有"鱼跃千岛湖""水下金字塔"等奇特景观。

智者千虑，必有一失

秦朝末年，韩信带兵攻打赵国，击退了赵兵，活捉了赵国著名的谋士李左车，却十分客气地向他请教。

见韩信这样诚恳，李左车便向他讲了自己的军事想法。李左车说："聪明的人谋划一千次，也难免有一次失误；愚蠢的人谋划一千次，也可能有一次成功。您短时间内打垮了二十万赵军，这是将军的成功。但是，如果将军继续用兵作战，百姓会变得贫穷，士兵也会觉得疲惫，成功就会变成失败。"

韩信问："那我现在应该怎么做呢？"

李左车说："现在应该按兵不动，等待燕国自己投降，进而说服齐国投降。用兵应该先虚后实。"

韩信按着李左车的建议去做了，果然取得了成功。

成语"智者千虑，必有一失"指聪明人做事前虽然经过了深思熟虑，也难免出现差错。

万

| 甲骨文 | 金文 | 小篆 | 隶书 | 楷书 |

古时候，山野上有
数**万**只蝎子。

"万"字为什么这样写？

"万"最初的意思是蝎子，所以甲骨文" "（万），像一只有头、有一对螯钳和一条弯弯的尾巴的蝎子。大概是因为古时蝎子漫山遍野，所以"万"也用来表示数量极多。

组 词 造 句

▶ 数目：万丈、亿万

　例句：悬崖下是万丈深渊。

▶ 绝对：万全、万恶

　例句：他左思右想，终于想出了一个万全
　　　　之策。

地理小知识

万里长城

　　万里长城是我国古代的军事防御工程。自西周时期开始，长城断断续续修筑了两千多年。秦始皇时期，长城开始有"万里长城"之称，明朝是最后一个大修长城的朝代。今天人们看到的长城大多是明朝时修筑的，主要分布在辽宁、河北、北京、天津、山西、陕西等 10 个省市。

万事俱备，只欠东风

东汉末年，吴国和蜀国决定联合对抗魏国，于是两国一起定下火攻魏军的方案。

魏军的船只停在大江的北岸，吴国和蜀国必须依仗东南风才能火攻。但当时是冬天，每天都刮西北风。吴军的统帅周瑜为此忧虑成疾，卧床不起。

蜀军的军师诸葛亮前来看望周瑜，并写下一副"药方"：欲破曹公，须用火攻；万事俱备，只欠东风。他对周瑜说："我有呼风唤雨的法术，借给你三天三夜的东南大风如何？"

于是，诸葛亮到七星坛上呼风唤雨。到了半夜三更，忽然风响旗动，竟然真的刮起了东南大风！周瑜赶紧下令发起火攻。大风加快了火势的蔓延，魏军的船只很快就烧了起来。吴蜀联军乘势出击，魏军死伤大半。

成语"万事俱备，只欠东风"由此而来，比喻样样都准备好了，就差最后一个重要条件。

大

甲骨文	金文	小篆	隶书	楷书

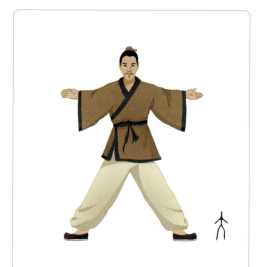

张开双臂，做一个顶天
立地的**大**人。

"大"字为什么这样写?

　　甲骨文"大"（大）字，像一个张开双臂，站立着的人。"大"本来指顶天立地的成年人（大人），现在也用来形容规模超常的，如"大地""大海"；或排行第一的，如"大哥""老大"。

组 词 造 句

▶ 程度深：大半、不大可能

　例句：孩子的病好了大半。

▶ 排行第一：老大、大哥

　例句：大哥穿上警服，威风极了。

地理小知识

大理市

　　大理市地处云南省西部，是大理白族自治州首府，境内有苍山、洱海、大理古城、鸡足山、崇圣寺等景点。大理历史悠久，是云南最早的文化发祥地之一，同时也是白、彝、回、纳西等少数民族的聚居地。

大智若愚

隋朝时，大臣牛弘不善言辞，看上去不太聪明，却是真正有智慧的人。

隋文帝曾经让牛弘宣布圣旨，他到了阶下，却一句话也说不出来。于是他退回来拜见皇上，请求原谅："我把要说的话都忘了。"隋文帝说："宣布圣旨需要的是小小的口才，本来就不是重臣的任务。"

牛弘有个弟弟叫牛弼，他非常喜欢喝酒。有一次，牛弼喝醉了，把牛弘的牛射死了。牛弘回到家里，妻子迎上来对他说："小叔子把牛射死了。"牛弘听说了之后，并没去责问弟弟，而是平静地说："那就做肉干吧。"

妻子忍不住又说了一句："小叔子突然射死了驾车的牛，真是怪事！"

牛弘说："我已经知道了。"然后他便继续读书去了。

牛弘看上去"愚"，不会摆架子、装样子，生活中对琐事也不计较，待人仁厚，实在是一个很有智慧的人。他的行为，就像成语"大智若愚"形容的那样，有才能、有智慧的人表面上好像很愚笨，其实是锋芒不外露。

29

小

甲骨文

金文

小篆

隶书

楷书

三颗沙砾，是小小的。

"小"字为什么这样写？

古人用三条短竖线"⼩"，表示三颗细小的沙砾，不仅体积"小"，数量也"少"。所以，"小"的本义指细微的沙砾，后来渐渐演变为细小、微小的意思。

组 词 造 句

▶ 短时间：小坐、小住

　例句：老刘退休后回故乡小住，十分悠闲自在。

▶ 排行最末：小女儿、小儿子

　例句：看到小女儿在舞蹈教室里手舞足蹈的样子，她不禁露出欣慰的笑容。

地理小知识

小兴安岭

　小兴安岭纵贯黑龙江中北部，是一条西北至东南走向的山脉，也是对松花江以北的丘陵山地的总称。这里植被丰富，生长着红松等许多珍贵树木。密林中栖息着许多珍禽异兽，山脉底下还埋藏着许多珍贵的金属矿产资源。

因小失大

战国时期，秦惠文王打算攻占蜀国，但是通往蜀地的山路十分险峻，军队很难攻打进去，怎么办呢？

秦惠文王想出了一条妙计。他听说蜀王性格贪婪，便派人雕凿了一头石牛，然后把黄金放在牛的身后，说这些黄金其实是牛粪，秦国要把这头神奇的石牛赠送给蜀国。

蜀王贪图这件珍贵的宝物，于是派人挖通山路、填平山谷，然后派了五位大力士去迎接这头神奇的石牛。秦国的军队便偷偷跟在五位大力士后面，顺利地进入了蜀地，攻打蜀国。

最后，蜀国灭亡，蜀王也因此丢掉了性命。蜀王贪图小利，结果却造成了巨大的损失，这就是因小失大啊！

成语"因小失大"比喻为了微小的利益，却造成巨大的损失。

31

甲骨文	金文	小篆	隶书	楷书
				多

在古代，一个人吃两份肉，就太多啦！

"多"字为什么这样写？

　　古人常常用牛羊等动物祭祀神灵，在祭祀之后，会把祭祀用的肉（夕）分给族人吃。如果有人分到了两块肉，那他就能比别人多吃一块了。所以古人就用两块肉（多）来表示"多"。

组 词 造 句

▶ 数量大：多年、多种

　　例句：她偶然在街上遇见了多年未见的老友。

▶ 不必要的：多心、多嘴

　　例句：他们在谈正经事，你就不要多嘴了。

地理小知识

鄂尔多斯市

　　鄂尔多斯位于内蒙古自治区西南部，地处黄河"几"字弯的河套腹地。居民以蒙古族、汉族为主，是中国最佳民族风情旅游城市。市内有成吉思汗陵、九城宫、鄂尔多斯草原、大汗行宫等景点。

汉字故事

多多益善

　　韩信是汉高祖刘邦的大将军，他帮助刘邦夺取天下，建立汉朝，立下了辉煌的功绩。汉朝建立以后，有人造谣说韩信意图谋反，刘邦就下令将韩信抓了起来。后来因为证据不足，很快又释放了他。

　　有一次，刘邦与韩信点评天下将领，韩信一一给出评价。最后，刘邦问韩信："像我这样的人，能够率领多少兵马？"

　　韩信回答："您最多只能率领十万人。"

　　刘邦又问道："那你能够率领多少兵马呢？"

　　韩信说："我当然是多多益善！"

　　刘邦笑着问："你领兵的本事比我强，为什么还是被我抓住了呢？"

　　韩信也很机智，他回答："陛下虽然领兵的能力不是最强，但您非常擅长指挥将领啊！"

　　故事里的成语"多多益善"指越多越好，说明韩信对自己带兵的能力很自信。

少

 甲骨文　　金文　　小篆　　隶书　　楷书

四颗沙砾，挺少的。

"少"字为什么这样写？

甲骨文"᠁"用三颗沙砾表示"小"，再加上一颗沙砾，变成四颗(᠁)，表示"少"（shǎo），指规模小、数量小。后来，"少"的含义愈加丰富，还可以表示年幼，如"年少（shào）"。

组 词 造 句

▶ 数量小：很少、不少

　例句：这个学期，不少人加入了学校篮球队。

▶ 年纪轻：少（shào）年、少（shào）女

　例句：青少年要树立远大的理想，放眼世界，展望未来。

 地理小知识

少（shào）林寺

少林寺位于河南省登封市嵩山腹地少室山下，是少林武术的发源地、中国汉传佛教禅宗祖庭。少林寺始建于北魏（495 年）年间，自唐代起，就被誉为"天下第一名刹"。少林功夫历史悠久，体系完备，有"天下功夫出少林，少林功夫甲天下"之说。

积少成多

　　古代有一个叫陈晋之的人，他提倡一种读书的方法：每天只读一百二十个字，然后牢牢地记住。他虽然每天读的字数很少，但由于脚踏实地，日复一日地坚持，终于积少成多，博览群书，而且学问非常扎实。

　　宋代有个叫陈善的人评价这种方法，说："有的人读书贪多，一天读几千字，认为自己学到了很多东西。但是他读过之后很快就忘了，导致花费了许多时间，却没有学到多少知识。我年轻时读书，也有贪多的毛病，现在时常觉得学问不足，才知道陈晋之的方法才是对的啊！"

　　读书学习，就应该静下心慢慢来，不要贪图一时的数量，积少成多，自然会有所长进。这就是成语"积少成多"的由来，指通过点点滴滴的积累，就能由少变多，最后发生重大的改变。

长

甲骨文　金文　小篆　隶书　楷书

一个老人，她的头发
真长啊。

"长"字为什么这样写？

甲骨文"长"（长），像一个人有着披散的长发。古人认为，头发是父母赐予的，不能随意剪去，所以年龄越大，头发越长。

组 词 造 句

▶ 两点之间的距离：很长、不长

例句：鸵鸟的头颈很长，可以及时发现天敌。

▶ 生长（zhǎng）：长大、增长

例句：旅游能够开阔视野，增长我们的见识。

地理小知识

长安

长安，是现在陕西省西安市的古称。长安历史悠久，周文王时就定都于此，汉高祖时在这里置长安县，后又迁都于此。因地处长安乡，故名长安城，取"长治久安"之意。长安是十三朝古都，与雅典、罗马、开罗并称"世界四大文明古都"。

取长补短

有一天，一位盲人在崎岖的山路上遇到了一位断腿的人。

盲人说："我看不见路，走得很艰难。你能帮帮我吗？"

断腿的人回答："我能帮你什么呢？我的腿不方便，自己走路都很困难。"

盲人说："我身体很棒，要是我能看得见路，走起路来是不成问题的。"

断腿的人说："要不这样吧，你背上我，我做你的眼睛，给你指路；你做我的腿，带我走路。我们试试看行不行。"

盲人说："这真是个好主意！"

于是，盲人背起断腿的人，他们一路相互帮助，终于顺利走出了山林。

成语"取长补短"比喻吸取别人的长处，来弥补自己的不足。

尺

甲骨文　　金文　　小篆　　隶书　　楷书

成年人的膝盖到脚掌的长度，
大约就是一尺。

 "尺"字为什么这样写？

　　甲骨文"勹"（尺）就像人的一条腿，字上的黑点表示膝盖的位置，意思是：从膝盖到脚掌的距离，就是一尺。古人常用身体部位测量长度，一尺为十寸。

组 词 造 句

▶ 长度单位：半尺

　　例句：秋天，河水只剩下半尺来深，清澈见底。

▶ 量长度的器具：尺子、卷尺

　　例句：用卷尺量一量，就知道他有多高了。

 **地理小知识**

五尺道

　　秦始皇统一六国后，下令修建了一条路，北起今天的四川省宜宾市，南抵云南省曲靖市。因为此间的山路曲折陡峭，宽只有五尺（约1.6米），因此取名"五尺道"。早在秦汉时期人们就可以从成都出发，通过五尺道及其延伸线抵达越南、缅甸，甚至印度、阿富汗，这便是著名的"南方陆上丝绸之路"的重要组成部分。

得寸进尺

战国后期，秦国的实力最强大，企图统一天下。

秦国国君秦昭王一开始采取的策略是越过邻近的韩、魏两国，攻打六国中最强大的齐国，但是没有成功。谋士范雎（jū）到了秦国之后，劝说秦昭王联合远邦，攻打邻国。

范雎说："虽然齐国势力强大，但离秦国比较远，就算我们打赢齐国，也未必能守得住。还不如慢慢攻占邻国，这样所得的每一寸、每一尺土地，都将稳稳当当地为秦国所有，如此就能逐渐统一天下了。"

秦昭王采纳了范雎的建议，果真取得了显著的成效，为日后统一六国打下了基础。

今天，我们通常会用"得寸进尺"来形容一个人太过贪心，得了一寸还想再进一尺。

丈

战国文字　　小篆　　隶书　　楷书

手里拿根木棍去测量
有多长——一**丈**。

"丈"字为什么这样写？

一只手（ㄋ），拿着一根木棍（十）准备测量，组合起来就是"ㄊ"（丈）。所以，"丈"本来是一个长度单位，一丈为十尺。后来，"丈"字引申为丈夫，意思是结了婚的成年男子。

▶ 长度单位：千丈、万丈

例句：万丈高楼平地起，学习也是一样的。

▶ 测量：丈量

例句：他们精确地丈量了这块土地。

地理小知识

百丈山

百丈山位于江西省宜春市奉新县，海拔1200米（约百丈），因此得名"百丈山"。百丈山因为高大雄伟，所以又被当地人称为"大雄山"。这里有始建于唐朝的百丈寺，是我国佛教十大古寺庙之一。

道高一尺，魔高一丈

　　《西游记》中有一个"孙悟空大闹金兜洞"的故事。唐僧师徒去西天取经，途经金兜山。这天，唐僧让孙悟空去化些斋饭。临走时，孙悟空用金箍棒在地上画了个圈，告诫师父千万不可走到圈外。但唐僧还是忍不住走到圈外，结果被独角兕（sì）大王捉进了金兜洞。

　　孙悟空回来后，不见师父，来到金兜洞，与独角兕大王大战三十回合，不分胜负。这时，独角兕大王抛出法宝金钢套，把孙悟空的金箍棒套去了。

　　孙悟空斗不过独角兕大王，于是去搬救兵，从天庭请来了托塔天王、哪吒、雷公等天兵天将，后来又去西天请来了十八罗汉，但是都敌不过独角兕大王的金钢套，真是"道高一尺，魔高一丈"。最后，孙悟空请来了太上老君，这才降伏了独角兕大王。

　　"道高一尺，魔高一丈"形容邪气虽然高过正气，但仍要坚持正义，不断与邪恶势力做斗争。后来比喻取得一定成就后往往面临更大的困难。

双

战国文字	小篆	隶书	楷书

两只并排站立的鸟儿，
成双成对。

"双"字为什么这样写？

　　一个人的手（又）上，有两只鸟儿（雔）并排站立，组合在一起就是"雙"（双），所以"双"就是"两个"的意思。古人认为，只有一个太孤单，三个有点多，而两个刚刚好，也就是现在常说的"好事成双"。

组 词 造 句

▶ 两个：双手、双方
　　例句：她用颤抖的双手打开了那个包袱。
▶ 量词：一双
　　例句：我的妹妹有一双水汪汪的大眼睛。

地理小知识

西双版纳傣族自治州

　　西双版纳傣族自治州位于云南省最南端，首府是景洪市。这里有中国唯一的热带雨林自然保护区，有数不清的珍稀动植物，是名副其实的"动物王国""植物王国"。西双版纳历史悠久，自古以来便是傣族人的聚居地，傣族居民在长期的生活中创造了灿烂的民族文化。

双管齐下

唐朝的官员张璪（zǎo），在官场上很不得志。他先由员外郎被贬为衡州司马，后来，又被调到忠州任司马，屡次被降职。但是，他写得一手好文章，更画得一手好画，尤以画松树为人称道。

起笔作画之前，张璪先静心凝神，然后双手各握一支毛笔同时作画：一支笔画新枝，另一支笔画枯枝。他画的新枝饱含生机，像被春天的雨露润泽过；枯枝则清冷寂静，如同迎着瑟瑟秋风。两者都很生动。

张璪作画时姿态潇洒，笔势激越，他画的松树被人称赞"气傲烟霞，势凌风云"；而他同时拿着两支笔绘画的方式，被人们称为"双管齐下"。

现在成语"双管齐下"比喻处理一件事同时采用两种办法，或两件事同时进行。

高

甲骨文　　金文　　小篆　　隶书　　楷书

塔楼高高的，站在上面
可以眺望远方。

"高"字为什么这样写？

甲骨文""（高），画的是城墙（）上面有一座塔楼（介）。在古代，高高的塔楼大多用于军事防御，因为"站得高，看得远"，在高处可以及早发现敌人。

组　词　造　句

▶ 高度：高楼、登高

例句：经常登高望远，有助于保护视力。

▶ 等级高：高等、高级

例句：王老师是一位德高望重的高级教师。

地理小知识

高雄市

高雄市位于我国台湾省西南海岸，是台湾最大的海港城市。高雄市重工业发达，陆海空等交通方便快捷。市内的名胜古迹有佛光山、三凤宫等，近郊的澄清湖素来享有"台湾西湖"的美誉。

才高八斗

　　谢灵运是南北朝时期杰出的诗人、文学家，也是我国山水田园诗的代表人物。他出身东晋谢氏家族，从小聪明好学，博览群书，文采出众，写的山水诗尤其受当时人们的喜爱。据说，谢灵运每写出一首新诗，都会被大家争相抄录，很快流传开去。

　　谢灵运十分推崇三国时期曹植的才学，他说："如果天下才气有一石（dàn），曹子建独占八斗，我自己占一斗，古往今来的其他人共分剩下的一斗。"

　　石、斗都是古代重量的计量单位，一石等于十斗。由此可见，谢灵运认为自己的才学仅次于曹植，对自己的才学非常自信。

　　"才高八斗"这个成语由此而来，形容一个人的才学十分出众。

游中国，学汉字

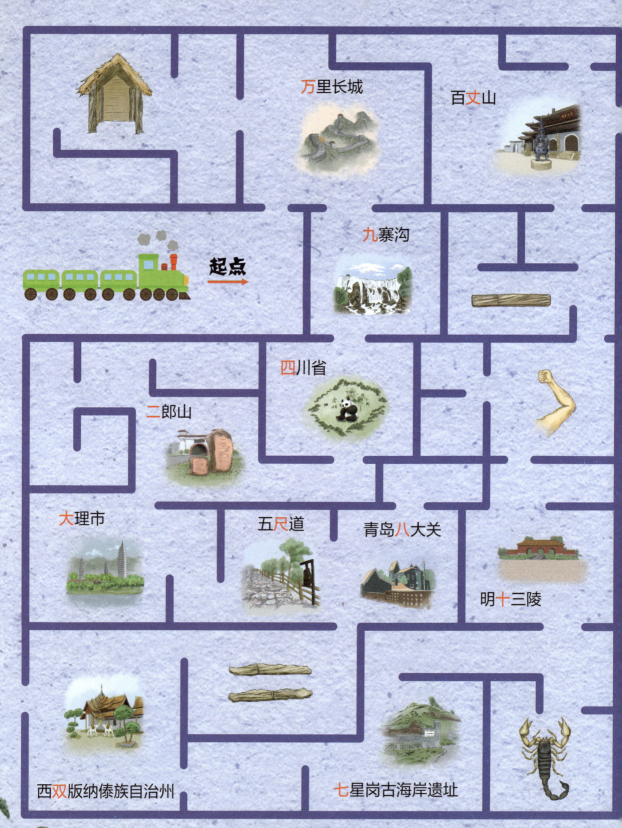

万里长城

百丈山

九寨沟

起点

四川省

二郎山

大理市

五尺道

青岛八大关

明十三陵

西双版纳傣族自治州

七星岗古海岸遗址

46

小朋友，认识了这么多汉字，你想不想去书中提到的这些地方游历一下呢？那就排排队、站站好，坐上"汉字小·火车"，去各地玩一玩吧。你需要一次性走完全程，而且不可以走回头路哟！出发吧！

小兴安岭

鄂尔多斯市

"天下第一关"

长安

五台山

长江三峡

少林寺

六安市

千岛湖

高雄市

百色市

终点

参考答案